www.hmongchildrensbooks.com

Copyright © 2020 by
Khab Yaj Xyooj

All rights reserved. No part of this book may be reproduced or used in any manner without written permission from the copyright owner.

First printing edition
January 2020

Hardcover Book ISBN 978-1-7342450-5-9

Design and Layout by Lori Sheng
Published by Hmong Children's Books

HAIV NEEG HMOOB
YOG LEEJ TWG?

Dr. Khab Yaj Xyooj

Tshwj Xeeb

Phau ntawv no sau tshwj xeeb rau tagnrho cov menyuam Hmoob nyob rau thoob qab ntuj. Thov kom nej nco ntsoov nej cag ces, kab lis kev cai, thiab cov lus, tshaj plaws nco ntsoov txoj kev sib hlub sib pab thiab siab zoo ntawm haiv neeg Hmoob.

Txheej Txheem

Hmoob Keeb Kwm 2

Hmoob Nyob Qhov Twg? 5

Hmoob Nplog Teb 6

Lus Hmoob 8

Tsoos Tsho Thiab Nyiaj Kub 10

Xeem Hmoob 13

Tsev Neeg 14

Kev Ntseeg 17

Kab Lis Kev Cai 18

Zaub Mov 20

Hmoob Thoob Ntiaj Teb 23

Me Me Txog Ntawm Hmoob Keeb Kwm

Hmoob keeb kwm tshwm sim qhov twg los tsis paub zoo. Qhov ntsiab lus no cov kws txhawj ntawv tau muab los sib hais sib cav txog. Cov kws tshawb fawb xav tias haiv neeg Hmoob los pem tus dej dag nyob Suav Teb tsib txhiab xyoo dhau los. Ib txhia neeg hais tias cov Suav Ham tau tsim txom Hmoob es Hmoob tau tuag coob heev vim ua rog nrog cov neeg Suav. Raws li kev tshwm sim ntawv, cov neeg Hmoob thiaj li khiav tawm teb chaws mus nyob rau yav Suav qab teb, Nplog Teb, Nyab Laj Teb, Thaib Teb, thiab Phab Mab Teb.

Hmoob Suav, los yog mi-au (Miao) nyob coob rau sab qab teb chaws Suav. Nyob rau pab pawg no, lawv hais ntau hom lus. Ib txhias lus, tshwj xeeb yog cov lus Hmoob Suav nyob ze rau Nplog Teb thiab Nyab Laj Teb lawv hais lus Hmoob Mekas tau taub.

Hmoob Nyob
Qhov Twg?

Feem ntau haiv neeg Hmoob nyob rau es-xia (Asia). Ntau lab Hmoob nyob rau Suav Teb thiab Nyab Laj Teb. Lawv tau ua liaj ua teb tau ntau txhiab xyoo cog tej zaub mov tau noj thawm niaj thawm xyoo. Yam uas Hmoob txawj tshaj ces yog cog nplej. Puas txhiab cov Hmoob nyob rau Nplog Teb, Thaib Teb thiab Mekas Teb. Feem ntau Hmoob nyob sib ze uake rau California, Minnesota, thiab Wisconsin. Ib txhia Hmoob nyob rau lwm lub teb chaws thoob qab ntuj thiab.

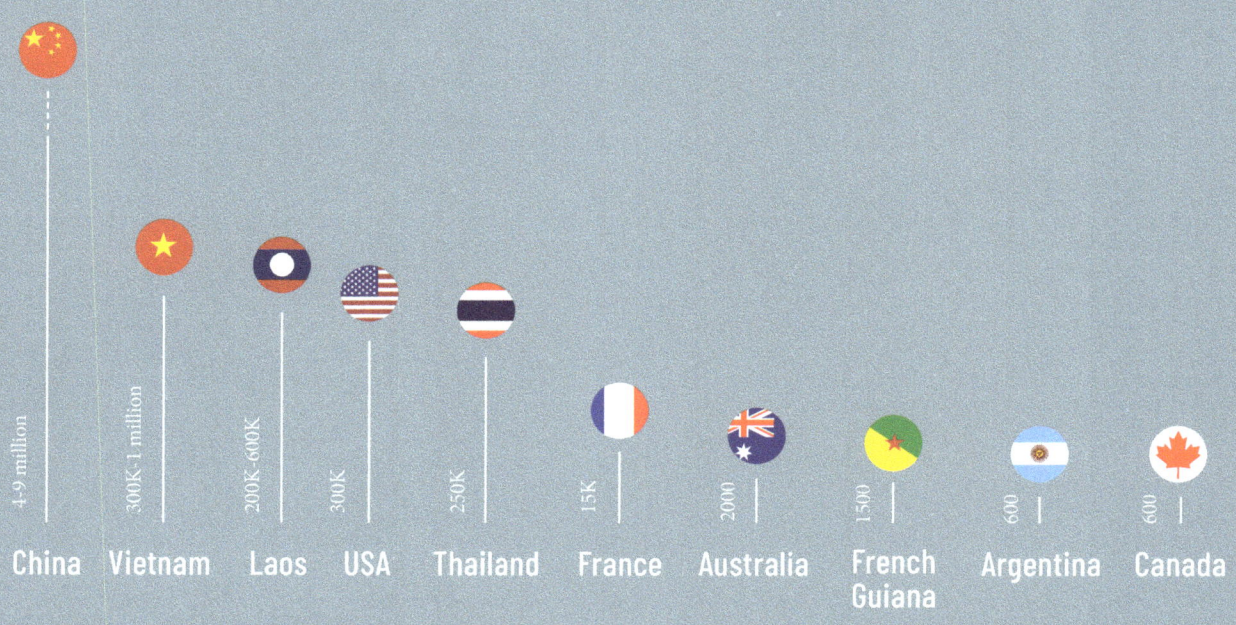

TEB CHAWS HMOOB NYOB
Tib Neeg Coob Npaum Li Cas

China	4-9 million
Vietnam	300K-1 million
Laos	200K-600K
USA	300K
Thailand	250K
France	15K
Australia	2000
French Guiana	1500
Argentina	600
Canada	600

Hmoob Nplog Teb

Xob Lwm Vaj tshuab qeej.

Ib tug niam tais laus zom pob kws.

Nav Vaj (nyob nruab nrab) hnav tsoos tsho Hmoob nyob Nplog Teb.

Cov Hmoob uas nyob Mekas Teb yog cov Hmoob ib txwm nyob Nplog Teb. Es lawv tuaj rau Mekas Teb chaws vim pab Mekas ua rog nrog Nyab Laj. Thaum lub sij hawm Mekas ua rog nrog Nyab Laj, cov Mekas kom ib txhias Hmoob koom tes nrog Mekas lub koos haum Central Intelligence Agency (CIA) pab lawv ua rog. Cov tub rog Hmoob pab cov tub rog Mekas coj kev hauv hav zoov Nplog Teb. Tom qab thaum teb chaws Mekas swb kev ua rog, lawv tau tawm ntawm Nplog Teb. Tseg cov Hmoob pab Mekas ua rog raug tua los ntawm cov Nplog liab. Yog li ntawv, Mekas thiaj li cia cov Hmoob tawg rog tuaj nyob rau teb chaws Mekas. Txawm li khwv yees muaj li 30,000 tus neeg Hmoob tau tuag ua tsov rog Nyab Laj los yog Secret War nyob Nplog Teb.

Lus Hmoob

Haiv neeg Hmoob muaj ntau yam lus. Cov pab pawg Hmoob qhia tau los ntawm cov khaub ncaws cov poj niam hnav. Hmoob Mekas hais ob hom lus. Ib hom yog hais lus Hmoob Dawb ces ib hom yog hais lus Hmoob Ntsuab los yog Hmoob Lees. Ob hom lus no cov suab lus txawv me me tiam si sawvdaws tseem sib tau taub. Txuas ntxiv ntawv, lus Hmoob muaj cov cim. Ib tug cim hloov tau lub suab soob suab laus. Yog hais tib los lus soob thiab laus nws hloov tau ua ob lo lus txawv. Piv txwv li "pa" nrog lub suab soob ces hais tau lo lus "pab". Yog "pa" nrog lub suab laus ces yog "pam." Ib ya lus ua tau yim lo lus raws lub suab siv vim tias muaj yim lub cim.

COV CIM NTAWM LUS HMOOB

CIM	COV NPE CIM	SUAB	KEV TAW QHIA
b	Cim Siab	Soob	↗
m	Cim Niam	Laus poob	↘
d	Cim Tod	Laus nce	↪
j	Cim Ntuj	Soob poob	↘
v	Cim Kuv	Nruab nrab nce	↗
--	Cim Ua	Nruab nrab	→
s	Cim Mus	Laus	→
g	Cim Neeg	Ua pa	✶

KEV TAW QHIA SUAB SIAB SUAB LAUS

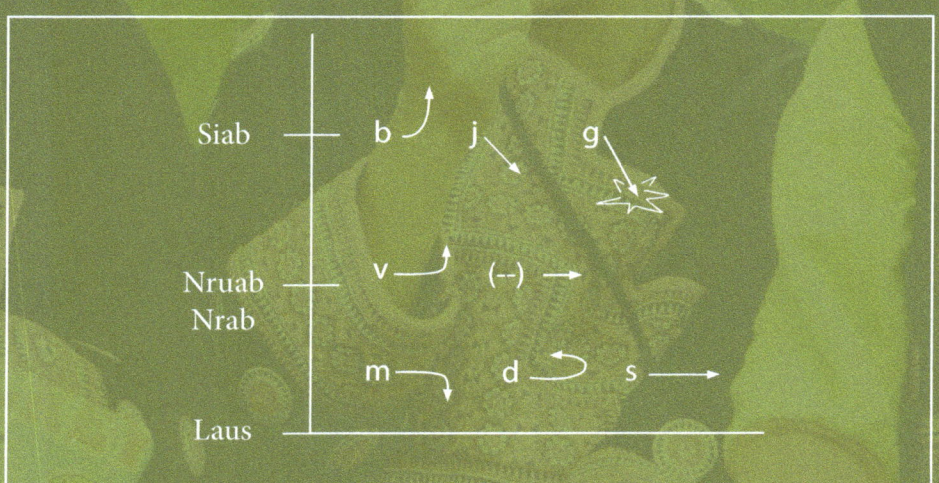

Tsoos Tsho Thiab Nyiaj Kub

Tsoos tsho Hmoob yog ib cov tsoos tseem ceeb rau haiv neeg Hmoob. Cov khaub ncaws lawv hnav qhia tau tias lawv yog Hmoob. Tib neeg yeej paub tias Hmoob txawj ua paj ntaub thiab txawj ua ntaub los xaws khaub ncaws. Hmoob ib txwm ua paj ntaub tau ntau tiam dhau los thiab ib txwm yog lawv cov kev ua noj ua hnav.

Hmoob pab pawg qhia los ntawm tsoos tsho thiab ko mom los cov phuam lawv ntoo. Ib pab pawg Hmoob ua paj ntaub txawv lwm pab pawg Hmoob. Piv txwv tias Hmoob Dawb hnav daim tiab dawb. Cov Hmoob Lees hnav daim tiab muaj ntau xim. Cov Hmoob Dub hnav lub tsho dub ua los ntawm maj. Cov Hmoob Txaij hnav lub tsho txaij npab thiab cov Hmoob Paj hnav lub tsho dai hlaws.

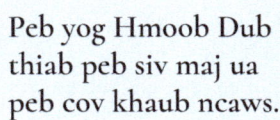

Peb yog Hmoob Dub thiab peb siv maj ua peb cov khaub ncaws.

Xauv nyiaj

Ntxiv thiab, haiv neeg Hmoob nyiam hnav thiab coj nyiaj kub. Lawv cov xauv thiab nyiaj npib tej thaum yeej hnyav heev. Cov nyiaj kub lawv coj qhia tau tias lawv yog ib tsev neeg muaj. Tus twg hnav nyiaj ntau ces qhia tau tias lawv yog neeg muaj nyiaj. Thaum ib tug ntxhais mus ua nyab, niam txiv phij cuam tsoos tsho, xauv nyiaj, thiab nyiaj npib coj mus ua neej.

Hmoob nyob Mekas Teb tsis muaj ntau lub sij hawm hnav lawv cov tsoos tsho Hmoob thiab coj lawv cov xauv nyiaj ncais. Lawv tsuas hnav lub sij hawm li thaum tshiab peb caug los ua tshoob los lwm lub sij hawm xwb. Niaj hnub no tsoos tsho Hmoob thiab nyiaj kub nyob Mekas Teb hloov zuj zus nrog tib neeg kev xav thiab tswv yim. Lawv tsim cov tsoos tsho txawv ntawm cov tseem tseem khaub ncaws Hmoob uas ib txwm hnav.

▼
Cev khaub ncaws nov los ntawm cov
Hmoob Dub nyob Sapa, Nyab Laj Teb

Hmoob Pab Pawg

Hmoob txhim tsa pab pawg raws xeem. Hmoob Mekas muaj 18 xeem. Cov xeem hu los ntawm poj koob yawm txwv qhia raws li nram no. Ib xeem zoo li ib tsev neeg loj loj thiab lawv koom pog yawg. Txiv neej yuav tsum yuav poj niam txawv nws xeem. Vim tias cov ntxhais nyob hauv nws xeem ces yog nws cov muam. Thaum ib tug ntxhais yuav txiv lawm nws mus ua nws tus txiv tsev pab pawg. Ib pab pawg sib pab thaum muaj kev zoo siab thiab kev nyuaj siab. Tus thawj coj ntawm nres xeem pab txiav txim thiab pab txhim kho tsev neeg.

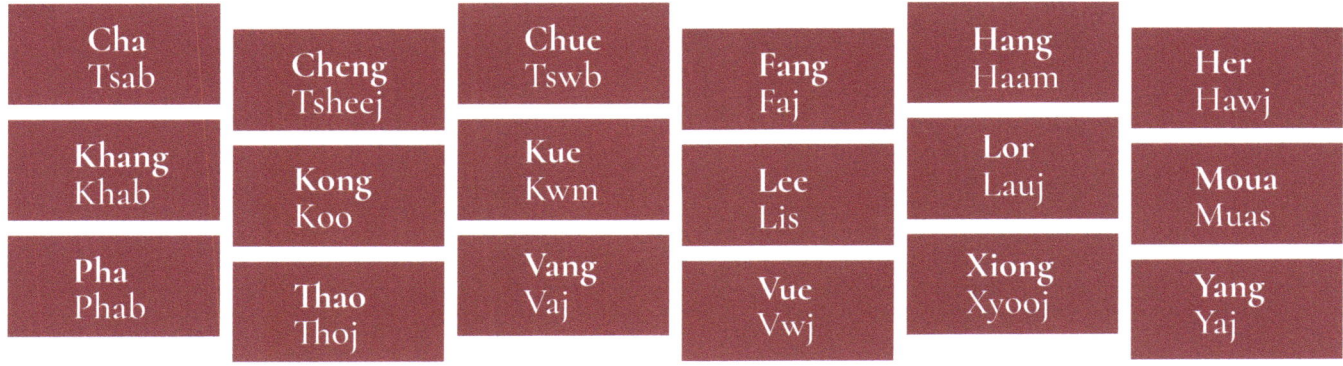

Tsev Neeg

Tsev neeg tseem ceeb rau Hmoob es qhia tau hauv Hmoob cov lus thiab kablis kev cai. Lawv muaj ntau lo lus hu tsev neeg es cov lus no tsis muaj nyob rau lus Mekas. Piv txwv, tus muam ntawm leej txiv hu ua phauj. Tus viv ncaus ntawm leej niam hu ua niam tais. Nov yog ib qhov piv txwv ntawm ntau ntau txoj kev sib hu.

Hmoob nsteeg tias lawv muaj kev sib txheeb sib ze. Thaum Hmoob sib ntsib, lawv sib zeem ua nkauj muam nraug nus los yog phauj thiab yawg laus. Sib ntsib sib zeem thiaj li sib ze thiaj sib raug zoo rau Hmoob kev cai.

▼
Ob tug menyuam Hmoob nov hnav lawv cov tsoos tsho Hmoob noj tshiab peb caug nyob Thaib Teb.

Tsev neeg Hmoob zoo tam li yus tsev neeg. Thaum muaj kev ploj tuag, Hmoob tsis sib paub los Hmoob tuaj sib pab. Qhov no qhia tau tias tsev neeg Hmoob sib pab thaum raug kev nyuaj siab. Thiab yog txog lwm caij nyoog ib yam li noj tshoob los yog txais tos menyuam tshiab, tagnrho cov poj niam tuaj pab ua noj ua haus rau kev zoo siab. Tsev neeg yog ib qhov tseem ceeb rau Hmoob kev cai thiab tsev neeg Hmoob zoo li yog yus tsev neeg.

▶ Rhiav Lis yog Hmoob Dawb. Nws yog ib tug kws ua neeb. Nws tham tau nrog cov ntsuj plig daws teeb meem. Nws muaj ib tug saib neeb hus ua Cib Yaj. Nws ntaus nruas thaum tus kws ua neeb mus rau teb chaws ntsuj plig.

▼ Paj Zeb Xyooj yog ib tug txiv neeb. Nws sawv ntawm nws thaj neeb nyob Nplog Teb. Thaj neeb siv rau ntau yam kev cai ua neeb.

▼ Sua Lis siv qaib los hu plig.

Hmoob Kev Ntseeg

Tseem ceeb Hmoob Mekas muaj ob txoj kev ntseeg.

Thawj txoj kev ntseeg yog kev ntseeg ntsuj plig. Hmoob ib txwm coj kev cai dab qhuas ntseeg ntsuj plig thiab lawv ntseeg tias txhuas yam muaj sia sib cuam tshuam. Hmoob ntseeg tias thaum ib tug neeg noj qab nyob zoo ces nws tus ntsuj plig nyob nrog nws ho thaum nws muaj mob ces nws tus ntsuj plig tsis nyob ntawm nws ib sab lawm. Yog li ntawd thiaj li muaj kev hu plig ntau lub sij hawm hauv nws lub neej xws li thaum yug los, ua tshoob kos thiab txog thaum ploj tuag. Muaj ib tug txiv neeb uas tham tau nrog lub ntuj ntsuj plig uas yuav pab tau tsev neeg thaum muaj mob muaj nkeeg los lwm yam teeb meem tshwm sim. Txuas ntxiv ntawv, Hmoob hu tej laus es tsis nyob lawm los saib xyuas kom noj qab nyob zoo txhob ntsib teeb meem dabtsi.

Lwm txoj kev ntseeg yog kev ntseeg Vajtswv. Cov ntseeg Vajtswv mus tsev theev ntuj mloog vaj lug kub qhia los ntawm tus xib fwb. Tus Hmoob ntseeg xav qhia txoj kev ntseeg Vajtswv rau lwm tus. Lawv mus tsev teev ntuj pab ua Vajtswv txoj hauj lwm thiab sib pab hauv lawv zej zog.

Nyob Nplog Teb, Hmoob yog cov ua liaj ua teb. Tom qab lub caij sau qoob loo tas, thaum muaj noj muaj haus, thiab muaj sij hawm los so ua ntej rov qab mus ua teb, cov Hmoob noj peb caug txais tos lub xyoo tshiab. Noj peb caug yog ib lub caij tseem ceeb es cov poj niam thiab cov ntxhais siv sij hawm ib xyoo txum nkaus los xaws lawv cov khaub ncaws paj ntaub zoo nkauj tau hnav noj peb caug. Txog caij nyoog no cov tub ntxhais hluas hnav khaub ncaws mus pov pob khaub hnab uake. Thaum pov pob ces hais kwv txhiaj. Thaum noj peb caug cov hluas muaj kev lom zem ua ke nrog sawvdaws es lub sij hawm no yog ib lub cai nyoog rau cov hluas tau sib ntsib thiab nrhiav txij nrhiav nkawm. Niaj hnub no Hmoob Mekas nyob hauv nroog los tseem noj peb caug.

Kab Lis Kev Cai

▶ Cos hluas Hmoob pov pob noj tshiab peb caug nyob Nplog Teb.

Lub caij peb caug thiab lwm lub caij nyoog ntawm ib lub xyoo, cov Hmoob tseem coj txoj kev cai hu plig. Raws li hais ua ntej, Hmoob ntseeg tias tej thaum tus ntsuj plig tsis puab cev thiaj ua rau tib neeg muaj mob. Hu plig yuav coj tus ntsuj plig rov qab los tsev thiab los nrog lub cev nyob kom tsis txhob muaj mob muaj nkeeg. Siv qaib hu plig mus pab nrhiav thiab coj tus ntsuj plig rov los tsev thiab los nrog tsev neeg. Hmoob ib txwm hu plig thaum lub xyoo tas txais tos lub xyoo tshiab kom tsis txhob muaj mob muaj nkeeg thiab khwv tau noj tau haus. Thaum hu plig tas, tsev neeg noj ib pluas mov nrog txheeb ze.

ZAUB MOV

Hmoob ib txwm nyob toj siab ua liaj ua teb tau noj haus los ntawm lawv daim teb thiab los ntawm cov tsiaj lawv tu, tsiaj cuab los yog tua tom hav zoo. Lawv cov zaub mov yooj yim xws li txhuv nplej, pob kws, taub, dib thiab ntau yam zaub, feem ntau yog cov zaub ntsuab thiab cov txuj lom. Thaum sijhawm tshwj xeeb, lawv kuj noj nqaij nrog mov, feem ntau yog nqaij npuas thiab nqaij qaib thiab qee zaus noj nqaij nyug thiab ntses.

Lawv kuj haus ib qho tshuaj yej hu ua zaub tsuag uas yog taub, taub

dag los sis zaub nrog lawv pluas mov. Hmoob kuj muaj ib tais zaub ua los ntawm zaub ntsuab hu ua zaub pos los yog zaub qaub.

Thaum Hmoob tawg rog khiav mus nyob lwm lub tebchaws, lawv muaj lwm haiv neeg kab lis kev cai los cuam tshuam. Xws li cov Hmoob nyob Mekas ib txwm nyiam cov zaub mov es-xia qab teb. Lawv siv ntau yam tshuaj ntsuab tshiab thiab txuj lom los rau lawv cov zaub mov raws li qhiav, dos ntsuab, zaub txhwb, kua txob, qij thiab pum hub txoom. Hmoob cov zaub mov qab heev. Ntawm lub rooj mov yuav tsum muaj mov thiab ob peb tais zaub thiab nqaij nrog rau ib tais kua txob. Ib cov zaub mov Hmoob nyiam noj yog qaib tua tshiab, qaub taub ntoos, kab yaub qab, laj, qhaub poob, fawm, nqaij npua ci thiab hnyuv ntxwm Hmoob.

▼

Ob tug ntxhais Hmoob Mekas kawm tag ntawv qib siab nyob rau University of Colorado Denver.

Hmoob thoob Ntiaj teb

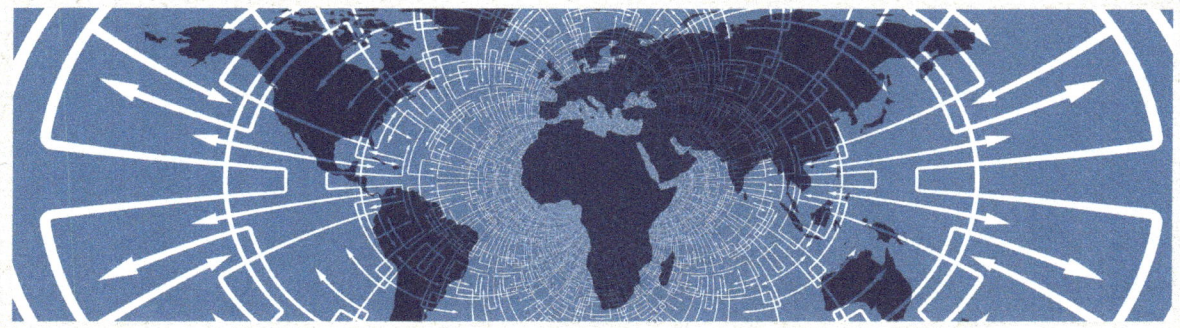

Hmoob thoob ntiajteb sib cuag thiab sib tham tau ntau txoj kev. Vim txujci Internet tshwm sim thiaj muaj txoj kev kawm los sib paub rau Hmoob thoob tebchaws. Hmoob Mekas thiaj taug tau lawv caj ces, noog tau lawv tsev neeg nyob Suav Teb thiab paub txog lub ntiajteb no. Muaj ntau yam tshawb fawb tshwm sim raws li qub keeb kwm.

Thiab thaum Hmoob xub tuaj txog tebchaws Mekas los pem lub neej toj siab ua liaj ua teb, Hmoob tsis tau kawm ntawv ntau. Tam sim no tej tus Hmoob tuaj kawm ntawv siab thiab ua ntau txoj haujlwm siab. Cov neeg sab nrauv pib paub Hmoob zuj zus thiab Hmoob txoj kev txhawb zej tsoom thiab zej zog.

Txog Tus Sau Phau Ntawv

Dr. Khab Yaj Xyooj yug nyob rau ib lub zos nyob pem toj roob hauv Nplog Teb. Thaum xaus tsov rog Nyab Laj, nws tsev neeg nrhiav kev tawm txoj kev tsim txom thiaj tuaj nyob rau ib lub thawj nam tawg rog nyob rau Thaib Teb. Thaum nws muaj xya xyoo nws tsev neeg khiav tuaj nyob rau Mekas Teb. Tam sim no Khab yog ib tug xib hwb qhia ntawv, pab qhia ntawv Askiv rau me nyuam yaus. Khab txais tau nws daim ntawv Ed.D. soj ntsuam txog kev kawm ntawm nyob rau lub tsev kawm ntawv qib siab University of Denver Colorado nrog tsom rau kev ncaj ncees hauv txoj kev kawm ntawv. Nws muaj siab pab cov menyuam kawm txog lawv keeb kwm, kab lis kev cai thiab cov lus. Khab tab tom taug txoj kev tsim sau ntawv los qhia txog Hmoob.

www.ingramcontent.com/pod-product-compliance
Lightning Source LLC
Chambersburg PA
CBHW042032100526
44587CB00029B/4395